Livre de bord
de l'entretien et
des réparations
de la maison

Ce livre appartient à:

Nom : ....

Adresse : ....

....

Contacts *important*

NOM PROFESSIONNE	TÉLÉPHONE	NOM DE L'ENTREPRISE
Électricien		
Plombier		
CVC		
Couvreur		
Homme à tout faire		
L'entretien des pelouses		
Système d'arrosage		
Piscine		
Paysages durs		
Fenêtres/ Revêtement		
L'assurance habitation		
Système pour les particuliers		
Police		
Incendie		
Enlèvement des ordures		
Recyclage		
Téléphone/Câble/Satellite		
Association des propriétaires		
Village/ commune		
Circonscription électorale		

Notes :

Contacts *important*

NOM PROFESSIONNE	TÉLÉPHONE	NOM DE L'ENTREPRISE
Electricien		
Plombier		
CVC		
Couvreur		
Homme à tout faire		
L'entretien des pelouses		
Système d'arrosage		
Piscine		
Paysages durs		
Fenêtres/ Revêtement		
L'assurance habitation		
Système pour les particuliers		
Police		
Incendie		
Enlèvement des ordures		
Recyclage		
Téléphone/Câble/Satellite		
Association des propriétaires		
Village/ commune		
Circonscription électorale		

Notes :

Contacts *important*

NOM PROFESSIONNE	TÉLÉPHONE	NOM DE L'ENTREPRISE
Électricien		
Plombier		
CVC		
Couvreur		
Homme à tout faire		
L'entretien des pelouses		
Système d'arrosage		
Piscine		
Paysages durs		
Fenêtres/ Revêtement		
L'assurance habitation		
Système pour les particuliers		
Police		
Incendie		
Enlèvement des ordures		
Recyclage		
Téléphone/Câble/Satellite		
Association des propriétaires		
Village/ commune		
Circonscription électorale		

Notes :

Contacts *important*

NOM PROFESSIONNE	TÉLÉPHONE	NOM DE L'ENTREPRISE
lectricien		
lombier		
VC		
ouvreur		
omme à tout faire		
entretien des pelouses		
ystème d'arrosage		
iscine		
aysages durs		
enêtres/ Revêtement		
assurance habitation		
ystème pour les particuliers		
olice		
ncendie		
nlèvement des ordures		
ecyclage		
éléphone/Câble/Satellite		
ssociation des propriétaires		
illage/ commune		
irconscription électorale		

Notes :

Calendrier *d'entretien de la maison*

JANVIER

- [ ] --------
- [ ] --------
- [ ] --------
- [ ] --------
- [ ] --------
- [ ] --------

FÉVRIER

- [ ] --------
- [ ] --------
- [ ] --------
- [ ] --------
- [ ] --------
- [ ] --------

MARS

- [ ] --------
- [ ] --------
- [ ] --------
- [ ] --------
- [ ] --------
- [ ] --------

AVRIL

- [ ] --------
- [ ] --------
- [ ] --------
- [ ] --------
- [ ] --------
- [ ] --------

MAI

- [ ] --------
- [ ] --------
- [ ] --------
- [ ] --------
- [ ] --------
- [ ] --------

JUIN

- [ ] --------
- [ ] --------
- [ ] --------
- [ ] --------
- [ ] --------
- [ ] --------

JULIE

- [ ] --------
- [ ] --------
- [ ] --------
- [ ] --------
- [ ] --------
- [ ] --------

AOÛT

- [ ] --------
- [ ] --------
- [ ] --------
- [ ] --------
- [ ] --------
- [ ] --------

SEPTEMBRE

- [ ] --------
- [ ] --------
- [ ] --------
- [ ] --------
- [ ] --------
- [ ] --------

OCTOBRE

- [ ] --------
- [ ] --------
- [ ] --------
- [ ] --------
- [ ] --------
- [ ] --------

NOVEMBRE

- [ ] --------
- [ ] --------
- [ ] --------
- [ ] --------
- [ ] --------
- [ ] --------

DÉCEMBRE

- [ ] --------
- [ ] --------
- [ ] --------
- [ ] --------
- [ ] --------
- [ ] --------

Où *est-ce que c'est?*

Chauffe-eau	Boîte électrique

Unités CVC	Compteur d'eau et arrêt minimum

Compteur de gaz et arrêt principal	Commandes d'arrosage

Détecteur de fumée	Extincteurs

Où *est-ce que c'est?*

Chauffe-eau

Boîte électrique

Unités CVC

Compteur d'eau et arrêt minimum

Compteur de gaz et arrêt principal

Commandes d'arrosage

Détecteur de fumée

Extincteurs

Où *est-ce que c'est?*

Chauffe-eau	Boîte électrique

Unités CVC	Compteur d'eau et arrêt minimum

Compteur de gaz et arrêt principal	Commandes d'arrosage

Détecteur de fumée	Extincteurs

Où *est-ce que c'est?*

Chauffe-eau

Boîte électrique

Unités CVC

Compteur d'eau et arrêt minimum

Compteur de gaz et arrêt principal

Commandes d'arrosage

Détecteur de fumée

Extincteurs

Où *est-ce que c'est?*

Chauffe-eau	Boîte électrique

Unités CVC	Compteur d'eau et arrêt minimum

Compteur de gaz et arrêt principal	Commandes d'arrosage

Détecteur de fumée	Extincteurs

Où *est-ce que c'est?*

Chauffe-eau	Boîte électrique

Unités CVC	Compteur d'eau et arrêt minimum

Compteur de gaz et arrêt principal	Commandes d'arrosage

Détecteur de fumée	Extincteurs

Où *est-ce que c'est?*

Chauffe-eau	Boîte électrique

Unités CVC	Compteur d'eau et arrêt minimum

Compteur de gaz et arrêt principal	Commandes d'arrosage

Détecteur de fumée	Extincteurs

Où *est-ce que c'est?*

Chauffe-eau	Boîte électrique

Unités CVC	Compteur d'eau et arrêt minimum

Compteur de gaz et arrêt principal	Commandes d'arrosage

Détecteur de fumée	Extincteurs

Où *est-ce que c'est?*

Chauffe-eau

Boîte électrique

Unités CVC

Compteur d'eau et arrêt minimum

Compteur de gaz et arrêt principal

Commandes d'arrosage

Détecteur de fumée

Extincteurs

Où *est-ce que c'est?*

Chauffe-eau	Boîte électrique

Unités CVC	Compteur d'eau et arrêt minimum

Compteur de gaz et arrêt principal	Commandes d'arrosage

Détecteur de fumée	Extincteurs

Où est-ce que c'est?

Chauffe-eau	Boîte électrique

Unités CVC	Compteur d'eau et arrêt minimum

Compteur de gaz et arrêt principal	Commandes d'arrosage

Détecteur de fumée	Extincteurs

Où est-ce que c'est?

Chauffe-eau

Boîte électrique

Unités CVC

Compteur d'eau et arrêt minimum

Compteur de gaz et arrêt principal

Commandes d'arrosage

Détecteur de fumée

Extincteurs

Registre *des services d'entretien*

Date	System / Appliance	Problème

Registre *des services d'entretien*

Date	System / Appliance	Problème

Registre *des services d'entretien*

Date	System / Appliance	Problème

Registre *des services d'entretien*

Date	System / Appliance	Problème

Registre *des services d'entretien*

Date	System / Appliance	Problème

Registre *des services d'entretien*

Date	System / Appliance	Problème

Registre *des services d'entretien*

Date	System / Appliance	Problème

Registre *des services d'entretien*

Date	System / Appliance	Problème

Registre *des services d'entretien*

Date	System / Appliance	Problème

Registre *des services d'entretien*

Date	System / Appliance	Problème

Registre *des services d'entretien*

Date	System / Appliance	Problème

Registre *des services d'entretien*

Date	System / Appliance	Problème

Registre *des services d'entretien*

Date	System / Appliance	Problème

Registre *des services d'entretien*

Date	System / Appliance	Problème

Registre *des services d'entretien*

Date	System / Appliance	Problème

Registre *des services d'entretien*

Date	System / Appliance	Problème

Registre *des services d'entretien*

Date	System / Appliance	Problème

Registre *des services d'entretien*

Date	System / Appliance	Problème

Registre *des services d'entretien*

Date	System / Appliance	Problème

Registre *des services d'entretien*

Date	System / Appliance	Problème

Registre *des services d'entretien*

Date	System / Appliance	Problème

Registre *des services d'entretien*

Date	System / Appliance	Problème

Registre *des services d'entretien*

Date	System / Appliance	Problème

Registre *des services d'entretien*

Date	System / Appliance	Problème

Téléphone du contrat	Comment a-t-il été résolu	Note de satisfaction

Téléphone du contrat	Comment a-t-il été résolu	Note de satisfaction
Téléphone du contrat	Comment a-t-il été résolu	Note de satisfaction

Téléphone du contrat	Comment a-t-il été résolu	Note de satisfaction

Téléphone du contrat	Comment a-t-il été résolu	Note de satisfaction

Téléphone du contrat	Comment a-t-il été résolu	Note de satisfaction

Téléphone du contrat	Comment a-t-il été résolu	Note de satisfaction

Téléphone du contrat	Comment a-t-il été résolu	Note de satisfaction

Téléphone du contrat	Comment a-t-il été résolu	Note de satisfaction

| | | |
| | | |

Téléphone du contrat	Comment a-t-il été résolu	Note de satisfaction

Téléphone du contrat	Comment a-t-il été résolu	Note de satisfaction

Téléphone du contrat	Comment a-t-il été résolu	Note de satisfaction

Téléphone du contrat	Comment a-t-il été résolu	Note de satisfaction
Téléphone du contrat	Comment a-t-il été résolu	Note de satisfaction

Téléphone du contrat	Comment a-t-il été résolu	Note de satisfaction

Téléphone du contrat	Comment a-t-il été résolu	Note de satisfaction

Téléphone du contrat	Comment a-t-il été résolu	Note de satisfaction

Téléphone du contrat	Comment a-t-il été résolu	Note de satisfaction

Téléphone du contrat	Comment a-t-il été résolu	Note de satisfaction

Téléphone du contrat	Comment a-t-il été résolu	Note de satisfaction

Téléphone du contrat	Comment a-t-il été résolu	Note de satisfaction

Téléphone du contrat	Comment a-t-il été résolu	Note de satisfaction
Téléphone du contrat	Comment a-t-il été résolu	Note de satisfaction

Téléphone du contrat	Comment a-t-il été résolu	Note de satisfaction

Téléphone du contrat	Comment a-t-il été résolu	Note de satisfaction

Téléphone du contrat	Comment a-t-il été résolu	Note de satisfaction

Téléphone du contrat	Comment a-t-il été résolu	Note de satisfaction
Téléphone du contrat	Comment a-t-il été résolu	Note de satisfaction

Téléphone du contrat	Comment a-t-il été résolu	Note de satisfaction

Téléphone du contrat	Comment a-t-il été résolu	Note de satisfaction

Téléphone du contrat	Comment a-t-il été résolu	Note de satisfaction

Téléphone du contrat	Comment a-t-il été résolu	Note de satisfaction

Téléphone du contrat	Comment a-t-il été résolu	Note de satisfaction

Téléphone du contrat	Comment a-t-il été résolu	Note de satisfaction

Téléphone du contrat	Comment a-t-il été résolu	Note de satisfaction

Téléphone du contrat	Comment a-t-il été résolu	Note de satisfaction

Téléphone du contrat	Comment a-t-il été résolu	Note de satisfaction
Téléphone du contrat	Comment a-t-il été résolu	Note de satisfaction

Téléphone du contrat	Comment a-t-il été résolu	Note de satisfaction

Téléphone du contrat	Comment a-t-il été résolu	Note de satisfaction

Téléphone du contrat	Comment a-t-il été résolu	Note de satisfaction

Téléphone du contrat	Comment a-t-il été résolu	Note de satisfaction

Téléphone du contrat	Comment a-t-il été résolu	Note de satisfaction

Téléphone du contrat	Comment a-t-il été résolu	Note de satisfaction

Planificateur *de projet*

Nom du projet

Description du projet

Date d'achèvement

Budget total

Liste de matériel	Coût dépensé	Coût réel
Coût total		

Services	Coût dépensé	Coût réel
Coût total		

Notes de projet :

Planificateur *de projet*

Nom du projet

Description du projet

Date d'achèvement

Budget total

Liste de matériel	Coût dépensé	Coût réel		Services	Coût dépensé	Coût réel
Coût total				**Coût total**		

Notes de projet :

Planificateur *de projet*

Nom du projet

Description du projet

Date d'achèvement

Budget total

ste de matériel	Coût dépensé	Coût réel
Coût total		

Services	Coût dépensé	Coût réel
Coût total		

Notes de projet :

Planificateur *de projet*

Nom du projet

Description du projet

Date d'achèvement

Budget total

Liste de matériel	Coût dépensé	Coût réel
Coût total		

Services	Coût dépensé	Coût réel
Coût total		

Notes de projet :

Planificateur *de projet*

Nom du projet

Description du projet

Date d'achèvement

Budget total

iste de matériel	Coût dépensé	Coût réel
Coût total		

Services	Coût dépensé	Coût réel
Coût total		

Notes de projet :

Planificateur *de projet*

Nom du projet

Description du projet

Date d'achèvement

Budget total

Liste de matériel	Coût dépensé	Coût réel
Coût total		

Services	Coût dépensé	Coût réel
Coût total		

Notes de projet :

Planificateur *de projet*

Nom du projet

Description du projet

Date d'achèvement

Budget total

ste de matériel	Coût dépensé	Coût réel
Coût total		

Services	Coût dépensé	Coût réel
Coût total		

Notes de projet :

Planificateur *de projet*

Nom du projet

Description du projet

Date d'achèvement

Budget total

Liste de matériel	Coût dépensé	Coût réel		Services	Coût dépensé	Coût réel
Coût total				**Coût total**		

Notes de projet :

Planificateur *de projet*

Nom du projet

Description du projet

Date d'achèvement

Budget total

iste de matériel	Coût dépensé	Coût réel
Coût total		

Services	Coût dépensé	Coût réel
Coût total		

Notes de projet :

Planificateur *de projet*

Nom du projet

Description du projet

Date d'achèvement **Budget total**

Liste de matériel	Coût dépensé	Coût réel
Coût total		

Services	Coût dépensé	Coût réel
Coût total		

Notes de projet :

Planificateur *de projet*

Nom du projet

Description du projet

Date d'achèvement

Budget total

Liste de matériel	Coût dépensé	Coût réel
Coût total		

Services	Coût dépensé	Coût réel
Coût total		

Notes de projet :

Planificateur *de projet*

Nom du projet	
Description du projet	

Date d'achèvement		**Budget total**	

Liste de matériel	Coût dépensé	Coût réel	Services	Coût dépensé	Coût réel
Coût total			**Coût total**		

Notes de projet :

Planificateur *de projet*

Nom du projet

Description du projet

Date d'achèvement		**Budget total**	

Liste de matériel	Coût dépensé	Coût réel		Services	Coût dépensé	Coût réel
Coût total				**Coût total**		

Notes de projet :

Planificateur *de projet*

Nom du projet

Description du projet

Date d'achèvement

Budget total

Liste de matériel	Coût dépensé	Coût réel
Coût total		

Services	Coût dépensé	Coût réel
Coût total		

Notes de projet :

Planificateur *de projet*

Nom du projet

Description du projet

Date d'achèvement

Budget total

...ste de matériel	Coût dépensé	Coût réel
Coût total		

Services	Coût dépensé	Coût réel
Coût total		

Notes de projet :

Planificateur *de projet*

Description du projet

| Date d'achèvement | | Budget total | |

Liste de matériel	Coût dépensé	Coût réel
Coût total		

Services	Coût dépensé	Coût réel
Coût total		

Notes de projet :

Planificateur *de projet*

Nom du projet

Description du projet

Date d'achèvement

Budget total

iste de matériel	Coût dépensé	Coût réel
Coût total		

Services	Coût dépensé	Coût réel
Coût total		

Notes de projet :

Planificateur *de projet*

Nom du projet

Description du projet

Date d'achèvement

Budget total

Liste de matériel	Coût dépensé	Coût réel
Coût total		

Services	Coût dépensé	Coût réel
Coût total		

Notes de projet :

Planificateur *de projet*

Nom du projet

Description du projet

Date d'achèvement

Budget total

...ste de matériel	Coût dépensé	Coût réel
Coût total		

Services	Coût dépensé	Coût réel
Coût total		

Notes de projet :

Planificateur *de projet*

Nom du projet

Description du projet

Date d'achèvement

Budget total

Liste de matériel	Coût dépensé	Coût réel
Coût total		

Services	Coût dépensé	Coût réel
Coût total		

Notes de projet :

Planificateur *de projet*

Nom du projet

Description du projet

| **Date d'achèvement** | | **Budget total** | |

iste de matériel	Coût dépensé	Coût réel	Services	Coût dépensé	Coût réel
Coût total			**Coût total**		

Notes de projet :

Planificateur *de projet*

Nom du projet

Description du projet

| Date d'achèvement | | Budget total | |

Liste de matériel	Coût dépensé	Coût réel	Services	Coût dépensé	Coût réel
Coût total			**Coût total**		

Notes de projet :

Planificateur *de projet*

Nom du projet

Description du projet

Date d'achèvement

Budget total

...ste de matériel	Coût dépensé	Coût réel
Coût total		

Services	Coût dépensé	Coût réel
Coût total		

Notes de projet :

Planificateur *de projet*

Nom du projet

Description du projet

Date d'achèvement

Budget total

Liste de matériel	Coût dépensé	Coût réel
Coût total		

Services	Coût dépensé	Coût réel
Coût total		

Notes de projet :

Planificateur *de projet*

Nom du projet

Description du projet

Date d'achèvement

Budget total

Liste de matériel	Coût dépensé	Coût réel		Services	Coût dépensé	Coût réel
Coût total				**Coût total**		

Notes de projet :

Planificateur *de projet*

Nom du projet

Description du projet

Date d'achèvement

Budget total

Liste de matériel	Coût dépensé	Coût réel
Coût total		

Services	Coût dépensé	Coût réel
Coût total		

Notes de projet :

Planificateur *de projet*

Nom du projet

Description du projet

| **Date d'achèvement** | | **Budget total** | |

ste de matériel	Coût dépensé	Coût réel
Coût total		

Services	Coût dépensé	Coût réel
Coût total		

Notes de projet :

Planificateur *de projet*

<table>
<tr><td>Nom du projet</td><td></td></tr>
</table>

Description du projet

<table>
<tr><td>Date d'achèvement</td><td></td><td>Budget total</td><td></td></tr>
</table>

Liste de matériel	Coût dépensé	Coût réel		Services	Coût dépensé	Coût rée
Coût total				**Coût total**		

Notes de projet :

Planificateur *de projet*

Nom du projet

Description du projet

Date d'achèvement

Budget total

iste de matériel	Coût dépensé	Coût réel
Coût total		

Services	Coût dépensé	Coût réel
Coût total		

Notes de projet :

Planificateur *de projet*

Nom du projet

Description du projet

Date d'achèvement

Budget total

Liste de matériel	Coût dépensé	Coût réel
Coût total		

Services	Coût dépensé	Coût réel
Coût total		

Notes de projet :

Planificateur *de projet*

Nom du projet

Description du projet

| **Date d'achèvement** | | **Budget total** | |

ste de matériel	Coût dépensé	Coût réel	Services	Coût dépensé	Coût réel
Coût total			**Coût total**		

Notes de projet :

Planificateur *de projet*

Nom du projet

Description du projet

| **Date d'achèvement** | | **Budget total** | |

Liste de matériel	Coût dépensé	Coût réel	Services	Coût dépensé	Coût réel
Coût total			**Coût total**		

Notes de projet :

Planificateur *de projet*

Nom du projet

Description du projet

Date d'achèvement

Budget total

iste de matériel	Coût dépensé	Coût réel
Coût total		

Services	Coût dépensé	Coût réel
Coût total		

Notes de projet :

Planificateur *de projet*

Nom du projet

Description du projet

Date d'achèvement

Budget total

Liste de matériel	Coût dépensé	Coût réel
Coût total		

Services	Coût dépensé	Coût réel
Coût total		

Notes de projet :

Planificateur *de projet*

Nom du projet

Description du projet

Date d'achèvement

Budget total

ste de matériel	Coût dépensé	Coût réel
Coût total		

Services	Coût dépensé	Coût réel
Coût total		

Notes de projet :

Planificateur *de projet*

Nom du projet

Description du projet

| **Date d'achèvement** | | **Budget total** | |

Liste de matériel	Coût dépensé	Coût réel	Services	Coût dépensé	Coût rée
Coût total			**Coût total**		

Notes de projet :

Planificateur *de projet*

Nom du projet

Description du projet

Date d'achèvement

Budget total

Liste de matériel	Coût dépensé	Coût réel		Services	Coût dépensé	Coût réel
Coût total				**Coût total**		

Notes de projet :

Planificateur *de projet*

Nom du projet

Description du projet

Date d'achèvement

Budget total

Liste de matériel	Coût dépensé	Coût réel
Coût total		

Services	Coût dépensé	Coût réel
Coût total		

Notes de projet :

Planificateur *de projet*

Nom du projet

Description du projet

Date d'achèvement

Budget total

...ste de matériel	Coût dépensé	Coût réel
Coût total		

Services	Coût dépensé	Coût réel
Coût total		

Notes de projet :

Planificateur *de projet*

Nom du projet

Description du projet

Date d'achèvement

Budget total

Liste de matériel	Coût dépensé	Coût réel
Coût total		

Services	Coût dépensé	Coût réel
Coût total		

Notes de projet :

Planificateur *de projet*

Nom du projet

Description du projet

| **Date d'achèvement** | | **Budget total** | |

iste de matériel	Coût dépensé	Coût réel	Services	Coût dépensé	Coût réel
Coût total			**Coût total**		

Notes de projet :

Planificateur *de projet*

Nom du projet

Description du projet

Date d'achèvement

Budget total

Liste de matériel	Coût dépensé	Coût réel
Coût total		

Services	Coût dépensé	Coût réel
Coût total		

Notes de projet :